EL ACELERADOR DEL RECLUTAMIENTO

ESTRATEGIAS PARA AUMENTAR EL RECLUTAMIENTO Y DUPLICACIÓN EN SU NEGOCIO DE MERCADEO EN RED.

ROB SPERRY

Descubra las estrategias en mercadeo en red para aumentar las ventas, los clientes potenciales, la duplicación y el reclutamiento. ¡Todo comienza con la mentalidad correcta!

www.thegameofconquering.com

"Puede poner excusas o puede ganar dinero, pero no puede hacer ambas cosas".

Aprecio que esté determinado y motivado para tener éxito en su negocio de mercadeo en red (de lo contrario, ¿por qué estaría leyendo esto?), así que hice hasta lo imposible para elaborar mi libro *El Acelerador del Reclutamiento*. Quiero que experimente el gran éxito que sé que es capaz de lograr, incluso si aún no es consciente de eso.

En este libro electrónico, obtendrá mi Sistema de Tres Niveles que cambiará el juego para su negocio. También revelaré las **12 estrategias clave** derivadas de mis más de 13 años como vendedor en red que me han permitido convertirme en el **reclutador número uno entre un millón de distribuidores** y alcanzar el primer puesto en una empresa de mil millones de dólares en solo 10 meses.

Obtendrá información de mentes maestras de alto nivel con ingresos de seis y siete cifras, información de los principales líderes y capacitadores de mercadeo en red, así como una versión compacta de los aspectos más destacados de todos mis cursos sobre mercadeo en red. ¿Está listo para esto? ¡Vamos!

3

SEA EL PRIMER RECLUTADOR

Usted sabe lo que debe hacer para tener éxito en este negocio: convertirse en un gran reclutador. Esta debe ser su **prioridad número uno**, incluso si está manejando y capacitando a un equipo. La única forma de liderar con éxito a su equipo para que gane 6 y 7 cifras, es con el ejemplo.

Muchas veces he visto cuando una persona cambia su enfoque para hacer que su equipo realice el reclutamiento en su lugar, por cualquier motivo. Podría ser miedo, podría ser pereza. Si se da cuenta de que entra en modo de gestión con demasiada frecuencia, revise honestamente su forma de pensar y esfuércese en superar cualquier bloqueo mental que tenga para convertirse en un mejor reclutador. Conviértase en el miembro del equipo de ensueño que querría reclutar y manténgase fuera del modo de gestión.

LA PRUEBA ANTES DEL TESTIMONIO

Lo siguiente que debe entender es que su éxito en este negocio va a tomar tiempo, una prueba que muchas personas reprueban porque no entienden cómo funciona.

La compensación siempre se pone al corriente con nuestro conjunto de habilidades y esfuerzo, pero casi siempre se retrasa *enormemente*. Cualquier persona que vea que da su testimonio en el escenario de alguna conferencia, ha pasado primero por la prueba de la paciencia y la persistencia a lo largo del tiempo. Su viaje no es diferente.

ATENCIÓN: EL SISTEMA DE TRES NIVELES

Los multimillonarios no trabajan más duro que los millonarios. Muchos millonarios no trabajan más duro que los que ganan seis cifras. Los que ganan seis cifras no trabajan más que mucha gente que gana el salario mínimo. La *manera* cómo pasa su tiempo es lo que será fundamental para su éxito.

Los vendedores en red exitosos, los que ganan 5 y 6 cifras por MES, son muy disciplinados y deliberados con su ATENCIÓN. Basé el Sistema de Tres Niveles en el consejo que me enseño uno de mis mentores sobre priorizar mis Actividades Generadoras de Ingresos (o IPA, por sus siglas en inglés).

Medite en esta analogía. El Nivel Uno es el fuego de su negocio. Los Niveles Dos y Tres son el combustible que hacen crecer su fuego. Sin embargo, si hay una tonelada de combustible y no hay fuego que alimentar, estará "ocupado" y no obtendrá ningún resultado.

Para ser eficaz y tener un éxito masivo, DEBE programar y pasar el **90% de su tiempo en actividades del Nivel Uno**. Una vez que lo haga, le prometo que todo cambiará.

NIVEL UNO

1. Hablar Con Gente Nueva

Todo este negocio gira en torno a hablar con nuevas personas: prográmelo y planifíquelo en detalle, de lo contrario no lo hará. ¿A cuánta gente va a contactar? ¿A quién va a contactar? ¿A qué hora va a llegar a esa gente? De todos los pasos del Nivel Uno, este es *el* más importante.

2. Validación de Terceros

Es necesario que su gente escuche la perspectiva de otra persona en el negocio para reforzar su credibilidad. Esto se denomina validación de terceros. Podría incluirlos en un chat del grupo, una llamada por Zoom o una llamada en conferencia con su línea ascendente. Los eventos en vivo también son ideales para la validación de terceros.

3. Añadir a Su Lista de Clientes Potenciales

Si el IPA número uno es hablar con nuevas personas, entonces debe asegurarse de que su tubería siempre se está llenando. Debe agregar gente a su lista de clientes potenciales.

7

NIVEL DOS

1. Llegue a los miembros del equipo

Si se pone en contacto con los miembros de su equipo y los alienta a hacer el Nivel Uno, su equipo realizará validaciones de terceros y lo pondrán ante nuevos clientes potenciales. Adivina qué, también estará logrando el Nivel Uno.

Si no lo están haciendo, podría quedarse atascado si se enfoca en ser el súper apoyador "líder de la línea ascendente" y estarse olvidando del Nivel Uno. Cualquier cosa que haga bien *a veces* se duplica dentro de su equipo. Cualquier cosa que haga mal casi *siempre se duplica* dentro de su equipo. Debe convertirse en el líder que le gustaría reclutar.

2. Cultive/Mantenga el Contacto Con Sus Clientes Potenciales

Esto no significa que entable charlas falsas. Encuentre una conexión mutua que realmente le interese y tenga una conversación real con sus clientes potenciales.

El filósofo estoico griego Epicteto dijo: "Tenemos dos orejas y una boca para que podamos escuchar el doble de lo que hablamos". Siempre entable sus conversaciones con una mentalidad curiosa y generosa, y de verdad *escuche*.

NIVEL TRES

1. Entrenamientos en Equipo

Los entrenamientos en equipo son muy importantes para conectarse, ya que le dan claridad sobre cómo tener éxito y pueden ayudarle a alimentar su motivación.

2. Desarrollo personal

Muchas empresas de mercadeo en red ya tienen en sus sistemas recursos sobre desarrollo personal. Aprovéchelos después de haber dedicado un tiempo a las actividades del Nivel Uno. Existen innumerables podcasts y libros sobre desarrollo personal que puede utilizar.

Un libro que realmente me gusta se llama "The Go-Giver" de Bob Burg y John D. Mann. Es una lectura corta y fácil, pero realmente le ayudará a entender la mentalidad que necesitará para convertirse en un maestro reclutador.

3. Estudie cualquier cosa relevante para su empresa

Si desea darle impulso a su credibilidad, debe conocer los pormenores de su empresa para que pueda responder fácilmente cuando le pregunten al respecto. La historia de su empresa, sus orígenes y su línea de productos/servicios son un gran comienzo. Una vez que domine eso, pase a otra información relevante. ¿Hay alguna tecnología específica alrededor de los productos/servicios de su empresa en la que pueda profundizar? Conózcalo todo.

En mi libro **www.thegameofconquering.com** abordo con mayor profundidad Las Actividades Productoras de Ingresos. También le doy mi fórmula del éxito. Todos los que tienen los mayores ingresos han utilizado esta fórmula, pero la mayoría no ha simplificado el proceso que les tomó tener éxito.

EL MENTOR DE 30 MILLONES DE DÓLARES

Mi Mentor de Millones de Dólares ha estado en el mercadeo en red durante 30 años. Antes de que fuera mi patrocinador, yo ya lo conocía desde hacía varios años. Incluso les había enseñado a sus hijos a jugar al tenis. Una vez que me convenció de probar el negocio, tuvimos una conversación que se ha quedado en mi mente hasta el día de hoy.

Me preguntó: "Rob, ¿adivina quién es la única persona que vas a tener que reclutar?"

Pensé que se refería a qué tipo de persona, así que enumeré a algunos. Tal vez una persona que ha hecho millones, o una persona que tiene un gran don de gentes.

Mi mentor me dijo: "La única persona que vas a tener que reclutar es a ti mismo".

Le dije: "Es la cosa más estúpida que he oído. ¿Es broma? Si me recluto a mí mismo y a nadie más, no tengo un equipo. Nadie me va a pedir ningún producto."

Me dijo: "No lo entiendes".

Le dije: "¿Qué quieres decir con que no lo entiendo?"

Reclútese A Sí Mismo

Dijo: "Si realmente te reclutas a ti mismo, no es una cuestión de si vas a tener éxito, sino de cuándo vas a tener un gran éxito. Cuando te reclutes a ti mismo, creerás en el mercadeo en red, en los productos, en la empresa y en ti mismo. Todo lo demás caerá en su lugar. No puedo prometerte cuándo, pero puedo prometerte que si te pasará a ti".

Esto no quiere decir que necesite reclutarse de inmediato, especialmente si es nuevo en el negocio. Tiene sus demonios como todos los demás: barreras mentales y creencias limitantes. Es importante ser consciente de lo que necesita aprender y luego **tomar medidas enormes al respecto.** No puede reclutarse a sí mismo completamente a menos que se apegue al Nivel Uno y hable con gente nueva.

Encuentre A Su Compañero de Batalla

Mi mentor insistió en que necesitaba un compañero de batalla, alguien con quien pasar por los altibajos. Podría ser una línea lateral, podría ser su línea descendente o podría ser su línea ascendente.

Diviértase

Ganar dinero es divertido. Ayudar a otras personas a ganar dinero es divertido. Su trabajo soñado debería ser divertido. Por supuesto, implica mucho trabajo y no le va a encantar todo el tiempo, pero si mantiene una actitud divertida, animará a quienes lo rodean.

RENDICIÓN DE CUENTAS DIARIA

Es posible que esté súper entusiasmado con la libertad de ser su propio jefe, pero **no logrará el éxito si no le rinde cuentas a alguien**. Encuentre a alguien, o haga que su compañero de batalla se convierta en su compañero al que debe rendir cuentas. Este socio debe estar igual de comprometido con su negocio. Ambos deben establecer una reunión diaria de rendición de cuentas y asegurarse de que se adhieren a las actividades del Nivel Uno.

Un estudio al que se hace referencia en este artículo, muestra que la probabilidad de que logre la meta que se propuso es del 95%, si tiene una cita específica de rendición de cuentas con alguien con quien se ha comprometido.

Sin estas citas, le garantizo comenzará a pasar demasiado tiempo en los Niveles Dos y Tres después de escuchar "no" demasiadas veces. No puede dejar que eso le impida avanzar, tampoco deje que detenga a su compañero de batalla. Anímense entre ustedes, pero sean firmes y duros cuando lo necesiten.

ENFOQUE DIRECTO CONTRA EL INDIRECTO

En 2019, hice un estudio/encuesta entre 138 vendedores en red comprometidos, de una gran variedad de diferentes empresas, sobre su relación con su patrocinador. Es importante que conozca

los resultados porque necesita vendedores en red comprometidos en su equipo, y es posible que se sienta confundido con respecto a cuando es el momento ideal para reclutar.

- El 15% dijo que tenía menos de dos meses de conocer a su patrocinador, pero más de una semana.

- El 41% dijo que tenía menos de una semana de conocer a su patrocinador.

- El 44% dijo que tenía más de un año de conocer a su patrocinador.

Los resultados están divididos de manera bastante uniforme entre las personas que fueron reclutadas casi de inmediato (menos de una semana), y personas que conocieron a su reclutador durante mucho tiempo (más de un año).

¿Qué enfoque debe usar, entonces?

Utilice la versión audaz de usted mismo, para determinar el mejor enfoque. No hay una fórmula secreta que pueda copiar porque nosotros, como humanos, somos muy complejos, con diferentes personalidades y experiencias. Dependiendo de lo que funcione para usted, directo es tan eficaz como indirecto.

Usted puede tomar los principios generales de ser directo o indirecto y darles su propio giro único basado en quién es y cómo opera. Le llevará tiempo experimentar con esto (recuerde, la paciencia es la clave), pero una vez que encuentre su ritmo, comenzará a ver resultados. Este es el principio que le enseñará a su equipo para duplicar su éxito.

12 PRINCIPIOS CLAVE

La gente a menudo confunde principios con técnicas. Usted es único, por lo que necesita tomar estos principios y hacer que funcionen con su personalidad. Lo mismo ocurre con los miembros de su equipo; no son copias de carbón de usted, pero usarán los mismos principios para tener éxito.

Elija uno de estos principios e impleméntelo regularmente, hasta que se convierta en una segunda naturaleza para usted. No se abrume y piense que debe hacerlo todo, porque puede terminar sin hacer nada.

1. Mentalidad de Reclutamiento

Cuando recluta, encuentra lo que está buscando. Su mentalidad debe centrarse en la búsqueda de clientes y personas que estén interesadas en el negocio. Sea lo que sea que esté buscando, su increíble mente subconsciente comenzará a construir conexiones neuronales y buscará soluciones para ello.

2. Ser Amigos y Seguir Siendo Amigos

Digamos que alguien le dice que no a sus productos o a su negocio. Está bien. Puede decirle algo como, "Oye, ¿puedo mantenerte informado de mis resultados?" o "¿Puedo mantenerte informado sobre mi éxito?" o "¿Puedo comunicarme contigo en el futuro?" Normalmente le dirán que sí.

Una vez que me dicen que sí, lo que hago es poner un par de recordatorios en mi teléfono para comunicarme de vez en cuando. Hago comentarios en sus publicaciones o encuentro algo genuino para mantenerme en contacto, no finjo mis charlas. Por ejemplo, tal vez acaban de tener un hijo.

"Hola, felicidades. ¡Acabo de ver que acabas de tener a tu segundo hijo!".

Tal vez vi que publicaron algo sobre un viaje a algún lugar al que quiero viajar.

"Oh, Dios mío, ese viaje parece épico. Me encantaría ir allí. ¿Cuál fue tu parte favorita?

3. **Menos Discurso Molesto de Ventas, Más Conversación**

Escuche a sus clientes potenciales y hágales buenas preguntas. Evite tener un discurso de ventas demasiado directo porque eso desanima a la gente. Primero es necesario construir una relación, y eso requiere conversación.

Las Preguntas Son Las Respuestas de Allan Pease es un fantástico libro que puede leer para ayudarse con esto. La lectura de este libro puede sumar al Nivel Tres en lo que concierne a desarrollo personal.

4. **90/10**

Cuando interactúa con sus clientes potenciales, el 90% de la conversación debe ser sobre ellos, solo un 10% sobre usted. Recuerde, las preguntas son las respuestas.

5. **Postura**

¿Cómo hablaría la versión de un millón de dólares de usted? ¿Cómo caminaría? ¿Qué palabras usaría la mejor versión de usted cuando hablara? Tiene que convertirse en eso en su mente, para que se conviertas en eso más tarde.

6. Impulse Su Credibilidad

"Pero Rob, ¡todavía no tengo credibilidad!" Tiene un gran poder impulsar su credibilidad futura. Recuerde, la mayoría de las empresas no obtienen ganancias durante tres años. Si espera **tres años** para sentirse creíble, eso nunca sucederá.

Por ejemplo, puede aprovechar lo que está dispuesto a hacer.

"Voy a ganar $500 al mes y mi objetivo es lograrlo en los próximos seis meses. Voy a hacer lo que sea necesario porque quiero poder llevar a mis hijos a Disneylandia cada año, a pesar de que sólo le puedo dedicar siete horas a la semana".

Si su empresa está basada en productos, puede haber científicos, expertos, estudios u otros líderes de la empresa que hayan documentado su éxito, que usted puede aprovechar.

7. Sea Breve: El Avance de la Película

Hay poder en la brevedad. Si le da a alguien demasiada información, solo lo agobiará y evitará que le diga que sí o

no, a revisar su oportunidad de negocio. Solo debe darles la información suficiente para despertar su interés: el avance de la película. Sólo entonces debe utilizar sus herramientas.

8. Pida Ayuda

Si se está quedando atorado en cualquier parte de su negocio, pida ayuda. Comuníquese con las personas de su equipo. Podría ser su línea ascendente, su línea lateral o su línea descendente. Puede comunicarse a través de Zoom, teléfono o chat del grupo.

9. Herramientas de Terceros

Aproveche las herramientas para hacer crecer su negocio. Podrían ser grupos de Facebook, un video pegadizo, un webinar usando Zoom, etc.

10. Autenticidad

Es muy difícil ser usted cuando intenta ser otra persona. Cuando intenté ser exactamente como mi mentor de $30 millones, me fue muy mal. Cuando aprendí a tomar los principios del éxito que aprendí de él y los apliqué a mi personalidad, fue cuando

arrasé. Me convertí en el reclutador número uno de nueve aseguradoras. Aprendí a extraer los principios y ser la versión audaz de mí.

11. Resuelva un Problema

Cuando está reclutando, está resolviendo un problema. La gente no compra lo que necesita. Compra lo que quiere. Compra una solución a un problema que tiene. Cada decisión tomada se basa en una emoción. Incluso las decisiones lógicas se basan en la emoción para crear la lógica.

12. Muéstreles Que Ellos También Pueden Hacerlo

Ya sea un cliente potencial, un nuevo recluta o un miembro del equipo desde hace mucho tiempo, la gente todavía se preguntará: "¿Puedo hacerlo?". Su trabajo es mostrarles que si pueden guiándolos con su ejemplo.

SEMANA RELÁMPAGO

En el mercadeo en red, una semana de reclutamiento intensivo con todo el empeño, se llama una semana relámpago. ¿Por qué es tan valiosa una semana de reclutamiento? Porque amplifica sus

esfuerzos y le da confianza. Genera una energía frenética y genera impulso. Cuando aprenda a arrasar en su semana de ataque total, creará una habilidad que podrá usar de nuevo, así mismo, la podrá enseñar a su equipo para lograr un crecimiento exponencial.

Realice una semana relámpago dos veces al año. Le prometo que verá resultados si hace esto.

Plan De Su Semana Relámpago

1. Tenga libre toda la semana en su agenda. No querrá desviarse mientras está súper concentrado en el reclutamiento - eso mataría su inercia.

2. Decida de antemano a quién quiere reclutar y sea **lo más específico que pueda** cuando elabore el perfil que va a crear.

    Por ejemplo, podría estar buscando mujeres de 30 a 40 años, que sean activas, pero que tengan un poco más de energía.

    Otros ejemplos:

    - Constructores de negocios que trabajen en bienes raíces porque tienen grandes habilidades de comunicación.

    - Maestros de escuela primaria que quieren complementar sus ingresos

3. **Contacte a 50:** Programe tiempo para ponerse en contacto con 50 personas y comuníquese con ellas. Puede ser a través de texto, mensajería de voz, correo electrónico o llamada telefónica. Invítelos a su llamada de lanzamiento.

4. **Llamada de Lanzamiento Con Su Línea Ascendente:** Su línea ascendente puede ayudarlo a aprovechar su credibilidad. Encuentre a alguien con más experiencia que usted para que le ayude con la llamada de lanzamiento durante la Semana

Relámpago. Muchas veces su patrocinador será quien lo guíe a través de ella, pero no tiene por qué serlo.

Su llamada de lanzamiento la puede realizar a través de Zoom, un video en vivo en un grupo de Facebook o en persona. Recuerde abrazar completamente la versión audaz de usted mismo y dejar que su auténtica pasión por ayudar a la gente brille cuando hable.

5. **Tome su lucha y conviértala en su historia.** Durante su llamada de lanzamiento, la gente querrá conocer su historia antes de que empiecen a confiar en usted. Busque algo vulnerable que pueda compartir. Tal vez estaba harto de no tener ingresos extra, tiempo extra, de no poder viajar o simplemente de ser demasiado modesto en sus aspiraciones.

Luego, comparta lo que le entusiasma del futuro de su vida y cómo la empresa es una parte integral de ella. Sea breve y poderoso.

ESPRINT DE UN DÍA

Una vez al mes, programe un solo día para hacer una versión condensada de acciones relámpago, que yo llamo un *Esprint De Un Día*. Combinado con sus dos semanas relámpago por año, esto es muy efectivo para acelerar el crecimiento de su negocio. Repito, es posible que no vea los resultados de inmediato, pero un día en el futuro obtendrá las recompensas por su arduo trabajo.

23

MÉTODO DE OPERACIÓN DIARIO (MOD)

Su Método de Operación Diario es su plan para acelerar el crecimiento. Este es un ejemplo de uno que hice para una empresa. Se llamó 1-5-1-5-1. Siéntase libre de usarlo, modificarlo o hacer su propio MOD. Sin embargo, su MOD debe constar de actividades de producción de ingresos que pueda completar todos los días.

1 Publicación Nueva En Las Redes Sociales

Su publicación en las redes sociales puede ser un video en vivo o una publicación normal, lo que sea con lo que se sienta más cómodo. Sólo dos días a la semana debería ser sobre negocios. Las de los otros cinco días no deben estar relacionadas con el negocio, para que la gente lo conozca y les caiga bien.

5 Contactos (no relacionados con el negocio)

Contactar con alguien es parte del juego de hacer contactos, y hacerlo de manera correcta es uno de los secretos para construir su negocio de mercadeo en red. Es tan esencial que escribí un libro sobre eso, puede encontrarlo en **www.thegameofnetworking.com**.

He estado haciendo contacto con 300 personas al mes durante más de 13 años y no todos están relacionados con los negocios. Como dije antes, no entablo conversaciones falsas. Encuentro algo que tengamos en común y hago una conexión humana con mi cliente potencial. Le dejo un mensaje de voz que suele ser de 20 segundos o menos.

5 contactos al día no toma tanto tiempo, pero ¿se imagina si hiciera 10 al día? Puede ajustar estos números para que sean más altos o más bajos dependiendo de su conjunto de habilidades, estilo de ventas personales y cuánto esfuerzo desea poner en eso.

1 Nueva Solicitud

Todos los días, tiene que **pedirle a una persona** que examine su oportunidad de producto/servicio/negocio. Hacer contacto y las publicaciones preparan a sus clientes potenciales para esa solicitud (así que no se tratará de una venta al azar surgida de la nada), pero si nunca lo llega a pedir, ¿adivine qué? No reclutará, no crecerá, no ayudará a nadie y no ganará dinero.

Obviamente, su número de solicitudes será mucho mayor durante los Esprints De Un Día o la Semana Relámpago.

5 Nuevos Amigos

Este se relaciona con el #3 del Nivel Uno. Agregue 5 nuevos amigos en las redes sociales todos los días. Esta es una manera fácil de sumar a su lista de clientes potenciales, que usted es responsable de hacer crecer. Si se encuentra sin clientes potenciales demasiado rápido, entonces puede agregar más de 5 por día.

1 Seguimiento

Haga un seguimiento con las personas a las que haya invitado anteriormente a ver el negocio o el producto/servicio. Estas personas aún no han dicho sí o no, y han accedido a permitirle mantenerlas actualizadas sobre su progreso; usted debe hacer un seguimiento periódicamente hasta que obtenga un sí o un no. Esto podría ser en forma de una validación de terceros o un seguimiento individual normal.

Con mi método 1-5-1-5-1 (repito, este es solo un ejemplo de un MOD) se está enfocando en el Nivel Uno y haciendo de eso su prioridad diaria. Está creando exposición con publicaciones. Nunca se queda sin clientes potenciales porque está agregando nuevos amigos, manteniéndose en contacto con ellos, y haciéndoles solicitudes.

LLEVE UN REGISTRO DE TODO

Una vez que haya descubierto cuál es su MOD, realice un seguimiento de las actividades en una hoja de cálculo que puede compartir con su socio de rendición de cuentas. Eso lo hace responsable y sirve como una herramienta útil para evaluar su progreso y refinar su enfoque basado en lo que funciona y lo que no funciona.

Mi objetivo con este libro electrónico era proporcionar valor para usted para que pueda llevar su negocio al siguiente nivel, sin importar cuán nuevo o experimentado sea en este negocio. Tuve mentores increíbles que me ayudaron, y me encanta poder transmitírselo a usted con el fin de ayudarlo. ¡Quiero verlo triunfar! Espero que haya encontrado un valor enorme. Lo que es más importante, espero que tome estos consejos e implemente algunos en su negocio.

Gracias por leer, se lo agradezco.

Si todavía no lo hace, invierta en **www.thegameofconquering.com** ¡y lleve su negocio al siguiente nivel!

www.ingramcontent.com/pod-product-compliance
Lightning Source LLC
Chambersburg PA
CBHW040759220326
41597CB00029BB/5055